小學生應該懂的生活常識

這個時候怎麼辦？

監修 諸富祥彥 教育學博士・臨床心理師

今泉忠明 動物學家

國崎信江 危機管理諮詢師

翻譯 李彥樺

前言

日常生活中，總是會有無法如願或不如預期的事情發生。

這個時候，你是不是會感到不知如何是好呢？

其實在這世界上，本來就存在著許多令人難以理解的奇妙現象，

可能是猜不透朋友在想什麼，

可能是覺得昆蟲做出的動作好有趣，

也可能是看見了疑似幽浮的物體……

像這些不經意在我們腦海中浮現、不可思議的想法，

你一定也經歷過，是吧？

有些事情會讓你興奮、驚奇，

但是生活並不是永遠一帆風順，
難免也有事情會讓你不知所措、內心不安。
本書蒐集了各種情境和提問，
並且由精通不同專業領域的博士們，
幫助你解決「這個時候怎麼辦？」的處境。
或許你的經驗和問題不像「一加一等於二」這麼單純，
沒有辦法找出唯一的正確答案，
然而這本書的方法和提示你可以當作參考，
試著抽絲剝繭，找出屬於自己的解答。

博士們敬上

目次

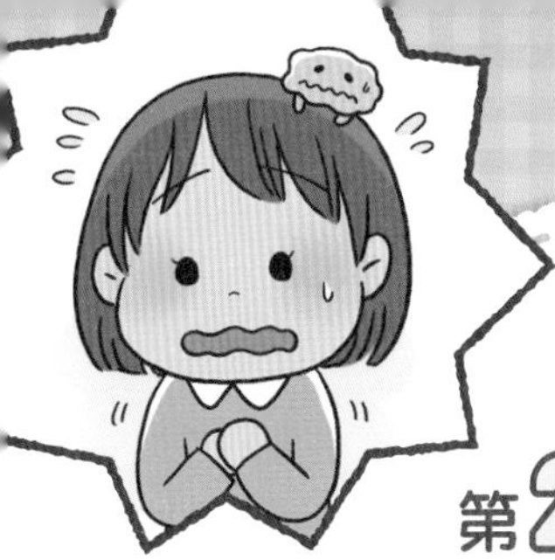

第2章 朋友與學校篇

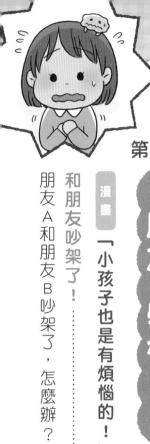

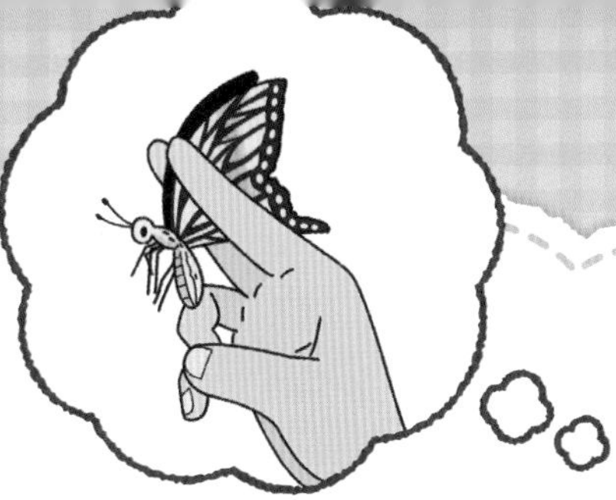

第3章

自然與生物篇

第4章 危機處理篇

第 1 章

心情與身體篇

漫畫「心到底在哪裡？」

我不知道「心」是什麼，根本看不見嘛……
每天都會有不同的情緒，對吧？有時快樂，有時難過，有時煩悶……這些感覺都來自於你的「心」！
冒出
啊！博士！
來自於我的「心」？「心」在我的身體裡面嗎？
有時是肚子，有時是腳，有時是頭。
你看！
哇！
你應該也經歷過，緊張時會肚子痛，高興時會想唱歌或跳舞吧？
好像是吔！
那正是因為「心」和身體緊緊相連的關係！
博士，你先冷靜一點……

心情與身體篇

這個時候怎麼辦？

我不想變成大人！

大人的生活好像很無聊，我想永遠當個小孩，才能一直玩耍。

為了玩耍而不想成為大人，實在太可惜了！讓我告訴你成為大人的好處吧！

博士

長大之後，能做的事情有很多哦！

大人必須工作，賺取生活費，但也因為有了工作，大人能買自己想買的東西，能去自己想去的地方。

和小孩子比起來，大人確實必須背負更多的「責任」和「義務」，但這就像是過自由生活的代價，大人能夠一個人自由自在的生活，例如星期天想睡多晚就睡多晚，不會被家人叫起床。

為了將來能夠獲得自由運用時間的能力，你們要珍惜現在的時光，為長大做好準備。

沒有收拾房間，被媽媽罵了。
開發完成的遊戲大受歡迎，成為知名遊戲製作人。
忘記寫作業，只好熬夜趕工。
與工作上認識的女配音員結婚。
放暑假到海邊玩。
遊戲開發進入最後關頭，夏天沒辦法放假。
有個電動遊戲很想買，但存的錢不夠。
第一次領薪水，買了許多小時候喜歡的電動遊戲。
零用錢只有一百元。
成為從小憧憬的遊戲製作人。
一直當小孩路線
大人路線
要走哪一邊？

好想只做自己想做的事

不想上才藝班，好想一直打電動……你是不是也曾這麼想過？這個時候，建議你為自己設定一個目標，不管什麼事都好。

例如每天提早十分鐘起床，或是打電動的時間縮短十分鐘，就算再微不足道的事情也沒關係。只要養成習慣，就能為自己增添自信。

這個時候就……
比平常提早
十分鐘起床。
看了平常
沒時間看的電視。
今天的 星座占卜
第1名 金牛座
好乖呀！
媽媽
稱讚我。
早安！
喜歡的女生
向我打招呼。
感覺心情真好！
充滿自信！

這個時候怎麼辦？

被拿來和兄弟姊妹比較，真討厭！

媽媽對我說「為什麼哥哥做得到，你卻做不到」，我好難過……

被大人拿來和兄弟姊妹比較，確實是件難過的事。我教你一句恢復快樂的咒語，馬上念念看吧！

博士

我是我，別人是別人，本來就不一樣！

大人拿你和兄弟姊妹比較，覺得心情鬱悶是很正常的事。這個時候，你應該趕緊念這句咒語：「我就是我。」

哥哥是哥哥，你是你，本來就是不一樣的人，你一定要記住這一點，千萬不要忘記。世界上有著各式各樣的人，不管是眼睛或皮膚的顏色，還是身高，都不會完全一樣，你應該也很清楚吧？就算是相同父母生下的兄弟姊妹，也不見得喜歡吃一樣的東西，擅長的事情更不會一樣，所以你應該珍惜「自己的特色」。你就是你，不必變成別人。一定要牢牢記住，雖然和哥哥不一樣，但你擁有你自己的優點。

我最討厭
哥哥了！
為什麼
我就是
做不到？
反正我
就是不行。
沒有人懂
我的心情，
我好難過。
轉換一下想法！
我就是我！

不想和別人比較

除了兄弟姊妹之外，朋友之間有時也會互相比較，例如「真羨慕她想要什麼就有什麼」，或是「他跑得好快，當上了接力賽選手，真讓人羨慕」等。當你有這種心情的時候，同樣要趕緊念出咒語：「我就是我」。

你應該比較的對象不是其他人，而是過去的自己，例如才藝或課業方面，有沒有比一年前進步了一些？如果發現自己進步了，一定要好好稱讚自己一番唷！

這個時候就……

和自己比較的旅行起點
出發！
專心看前面！
爬到這裡了！
雖然退步了，但比之前好一些！
有時也會遭遇挫折……
想想看現在的自己已經比從前厲害多了。
覺得自己越來越厲害！
別焦急，我就是我！
有時也要留一點回顧和休息的時間。
成功了！
實現自己的目標。

這個時候怎麼辦？

比賽輸了，好難過……

上次足球比賽竟然輸了，我好不甘心。

真是可惜呀！但你知道嗎？「不甘心」正是繼續加油的動力來源呢！

博士

讓「不甘心」的心情，成為努力的動力！

輸了比賽感覺不甘心，並非壞事。換作是奧運選手，心裡也一定會想著「下次絕對不能輸」或「下次一定要拿第一」，為了不在比賽中落敗，就要更努力練習。當你心裡有著「不甘心」的感覺時，練習也會加倍努力。

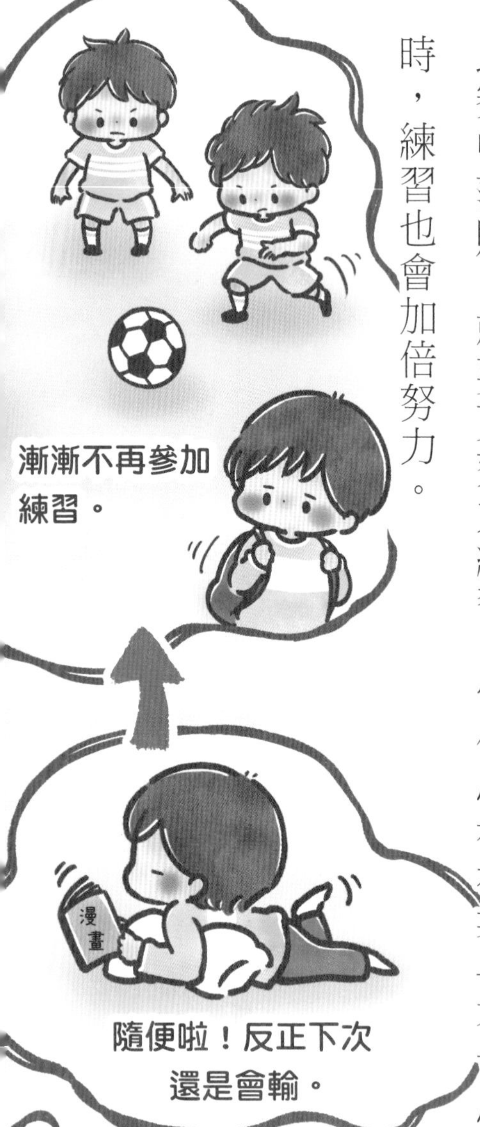
漸漸不再參加練習。
漫畫
隨便啦！反正下次還是會輸。

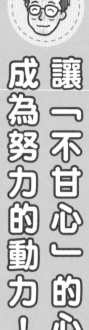

當然就算再怎麼努力，還是有可能再次落敗。這時你可能會更加難過，心裡抱怨「努力沒有獲得回報」，但比賽本來就是有輸有贏，輸了之後感覺不甘心、懊惱的經驗一定能讓你更加成長，面對下一次的挑戰。

成功射門了！
我要
加倍練習！
下次一定
要贏！

讓不甘心的自己恢復冷靜

這個時候就……

1 試著深呼吸看看

什麼也別想，重複緩緩吸氣、吐氣的動作。不知道為什麼，心情竟然恢復平靜了！

很努力和隊友互相加油打氣！

2 讚美自己做得好的部分

就算輸了比賽，還是能找到自己很努力或做得很好的部分。別忘了稱讚自己一番！

3 找出落敗的原因

等到心情稍微恢復平靜之後，可以想想看自己哪裡做得不夠好。這麼一來，就能知道要朝哪個方向努力。

控球的技巧要多加練習才行！

這個時候怎麼辦？

爸爸、媽媽整天盯著手機看！

爸爸、媽媽一直在玩手機，完全不聽我說話……

這樣的父母實在不太好。讓我們一起來想一想，怎樣才能讓爸爸、媽媽別再玩手機！

博士

大聲說「看著我！聽我說話！」直接向爸媽抗議吧！

你玩過手機嗎？現在的智慧型手機可以玩遊戲、看影片，非常方便又有趣，但如果爸爸、媽媽總是在玩手機，不肯聽你說話，或是不肯抬頭看你，你心裡會覺得很寂寞，對吧？而且當你覺得很寂寞的時候，他們甚至不會知道你的心情。

這個時候，你可以清楚的告訴他們：「別再玩手機了！看著我！聽我說話！」

只要你這麼做，我相信爸爸、媽媽一定會察覺你的心情。

別再玩手機了！
聽我說話！

電動遊戲機也會讓大家都「靜音」

電動遊戲機只要連上網路，就能夠和遠方的朋友一起遊玩，雖然很有趣，但是這麼一來，就會漸漸失去和別人當面說話的機會。

何況明明和朋友一起玩遊戲，卻看不到朋友的臉，只能看著遊戲機畫面，不是很寂寞嗎？想要和家人、朋友建立觸動內心的深厚情感，「看著對方的眼睛說話」是很重要的原則。

這個時候就……
安靜無聲——
喀答
喀答
喀答
喀答
你是不是也常像這樣只顧著打電動，不和朋友說話？

這個時候怎麼辦？

我不想回家！

媽媽老是逼我讀書，我不想回家！

不想要回家的心情，一定很痛苦吧？現在讓我告訴你，遇上這種情況該怎麼辦！

博士

向可以信賴的大人，好好商量你的困擾吧！

家原本應該是最能感到安心的地方，當你不想回家的時候，心情一定很難過吧？如果你能夠說出不想回家的理由，建議去找你覺得可以信賴的大人商量，例如班導師、保健室老師，或是學校的心理輔導老師。在你的身邊，一定有著願意聽你說話，能和你一起思考解決方法的大人，絕對不要把煩惱悶在心裡。

找到了過去
一直沒想到的
解決對策！

鼓起勇氣向
可以信賴的大人商量……

把「不想回家」的心情告訴別人，是一件需要提起勇氣的事，但只要能勇敢踏出第一步，相信內心一定會覺得輕鬆不少。

該找誰商量呢？

想一想，你身邊有哪些大人？

兒童諮詢
機構的職員
學校的老師
才藝班的老師
爺爺、奶奶
伯父、伯母、舅舅、
舅媽等親戚
堂兄弟姊妹、
表兄弟姊妹
親子館的老師
找個讓你覺得可以信賴的大人，鼓起勇氣商量看看！

這個時候怎麼辦？

我想成為美女！我想變得帥氣！

博士，要怎麼做才能讓自己變漂亮？

你可以先想一下，什麼長相才叫「美女」？還有，表情也會影響一個人的形象呢！

要先擁有美麗的內心，才會有美麗的表情唷！

每個人心裡可能都曾有過「好想擁有像朋友那樣水汪汪的大眼睛」之類的想法，但要澈底改變臉部五官大小並不容易。

其實要在別人的心中建立良好形象，真正重要的是表情，而不是「長得漂不漂亮」。

比起常生氣的「美女」，還

如果我的眼睛也像
小花那麼大就好了……

是樂觀開朗、笑容滿面的女孩子比較受人喜愛。

內心和身體會互相影響。只有美麗的內心，才能創造美麗的表情，所以如果你想「變成美女」，建議你先讓內心變美，例如擁有一顆溫柔善良的心，以及樂觀積極的精神。

人見人愛的

笑容練習法

要露出美麗的笑容，其實也需要一些技巧。

建議你在家裡看著鏡子多練習幾次。

1 一邊說數字「一」，一邊把嘴往兩邊拉開，最好露出上排的牙齒。

一

2 把臉頰和嘴角（嘴唇的兩側尾端）往上抬。

往上抬

3 想一些開心的回憶，可讓眼神變得溫和。

呵呵

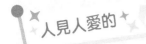

心情與身體篇

這個時候怎麼辦？

我想克服緊張情緒！

才藝班的成果發表會快到了，我好緊張，可能會忘記臺詞……

其實緊張能夠讓人成長呢！現在就讓我教你一些技巧，緩和心中的緊張吧！

博士

「不用擔心，我一定做得到」，用這句話來激勵自己吧！

運動會、足球比賽、鋼琴發表會、考試……會讓人緊張的事情實在太多了。只要遇上自己不拿手或是不想失敗的事情，任何人都會變得緊張。

但這並不是壞事。只要能夠克服緊張，在正式上場

我是
「緊張大魔王」！
嘿嘿嘿！
快點緊張吧！
撲通
撲通

不用擔心，我一定
做得到！
「別擔心超人」來了，打倒了緊張大魔王！
就算失敗也沒關係，盡力就好了！
「別擔心超人」登場！

時盡力而為，就能夠讓自己成長。

有一句咒語能夠緩和緊張，那就是「不用擔心，我一定做得到」。來，在心裡說一次看看吧！

博士也陪著你一起說：「不用擔心，你一定做得到」。

每次一緊張就感覺心跳加速

這個時候就……

緊張的時候，不僅會坐立不安，而且會感覺心跳加速，如此一來，就會覺得呼吸困難，心情更加無法保持平靜。

遇到這種情況時，可以深吸一口氣，慢慢以肚子的力量將氣吐出來，當呼吸變得平順，心情也會自然而然恢復冷靜。

不過恰到好處的緊張感，反而對於提升表現也會有所幫助，因此只要相信自己，盡力而為就好！

心情與身體篇

這個時候怎麼辦？

有時候很討厭自己！

我不太會算數，跑步又很慢，實在很討厭這樣的自己。

那是因為你還沒有發現自己的優點。現在讓我來告訴你一些找出自己優點的方法吧！

找出自己正在努力的事情，就算只有一點點也沒關係！

「不管什麼事都做不好，我真討厭這樣的自己！」你是不是也曾有過這樣的感覺？

但不管是誰，總是會有一些優點。

建議你拿起紙筆，把自己正在努力的事情，或是比較能做得好的事情寫下來。

就算是再怎麼微不足道的事情也沒關係，例如「我上次幫同學撿橡皮擦」，或是「我每天都會記得餵金魚」，或是「我每天都把飯吃光光」。

幫同學撿橡皮擦，代表你是一個善良的人；因為你每天從不忘記餵金魚，金魚才能活得很健康；你每天把飯吃光光，種植稻米的農夫聽了一定很開心。

這樣想之後，你是不是開始覺得有點喜歡自己了呢？每個人一定都有優點，當然你也不例外！

餌
伯母，早安！
正在努力的事
• 每天餵金魚
• 向隔壁的伯母打招呼
就算是小事也沒關係！

怎麼做才能

發現優點？

這個角度看個性是缺點，但換個角度，可能就變成優點了。找找看你有以下哪些優點？

喜歡作怪

↓↓↓

與眾不同、有個性。

愛瞎起鬨

↓↓↓

個性開朗、幽默。

多管閒事

↓↓↓

喜歡幫助別人。

喋喋不休

↓↓↓

善於社交、口才好。

沒有定性

↓↓↓

好奇心旺盛。

吹毛求疵

↓↓↓

個性謹慎小心。

愛哭鬼

↓↓↓

多愁善感、有同情心。

個性懦弱

↓↓↓

個性溫柔善良。

第2章

朋友與學校篇

漫畫　小孩子也是有煩惱的！

朋友與學校篇

和朋友吵架了！

這個時候
怎麼辦？

我昨天和朋友
吵架了，現在
心情好煩！

就算是再好的朋友也
可能會吵架。讓我們
來想一想，怎樣
才能和好
如初吧！

博士

鼓起勇氣「道歉」和「原諒」是最帥氣的行為。

想想看你們為什麼吵架吧！是不是你做了什麼過分的事，或是說了過分的話？

如果是的話，你應該鼓起勇氣向朋友說「對不起」。犯錯後能夠真誠道歉是十分帥氣的行為呢！當你說出「對不起」的時候，你應該以自己為榮。

最擅長和好的勇者物語
和朋友
吵架了！
獲得了
勇氣之劍！

如果你覺得自己完全沒有錯，隔天就開朗的跟朋友打招呼吧！「原諒」也是需要勇氣，卻是通往和好之路的捷徑。記住，「道歉」和「原諒」是最帥氣的行為，只有內心堅強的人才能做到。

朋友A和朋友B吵架了，怎麼辦？

勸朋友不要吵架，需要相當大的勇氣，但如果選擇逃避，你的心情可能也會變得煩悶。

因此，如果你覺得自己做得到，應該找機會和朋友A及朋友B談一談，聽聽他們心裡的話，這時候的重點是，絕對不能偏袒任何一方。當一個人和別人吵架時，脾氣會變得很暴躁，但只要有人願意聆聽自己說話，就能恢復冷靜。只要你能夠好好的和兩人溝通，應該就能幫助兩人互相理解對方的想法。

這個時候就……
A，你為什麼生氣了？
我不小心滴了口水……
他竟然取笑我！
朋友 A
朋友 B

朋友與學校篇

被朋友惡作劇了！

這個時候怎麼辦？

朋友上次對我惡作劇，在我的課本上亂畫，我好難過！

或許朋友不知道這麼做會讓你難過呢！我們一起來想一想，要怎麼做才能讓朋友別再惡作劇！

博士

以堅定的口氣，向朋友說：「不要這樣！」

或許朋友只是想和你開玩笑，並沒有察覺這麼做會讓你很難過。這時你應該鼓起勇氣，以堅定的口氣說出：「我不喜歡，不要這樣！」能夠像這樣明確拒絕，證明你是一個內心堅強的人。

如果你覺得自己實在說不出口，這時就要趕緊找老師或家人商量，千萬不要覺得找人商量很丟臉。

惡作劇的行為如果越來越嚴重，可能會演變成「霸凌」，因此一定要鼓起勇氣說出「不要這樣」，或是找大人商量。

對朋友**惡作劇**之後，為什麼會覺得**心情煩悶**？

再不停止惡作劇，
會被**煩悶大魔王**
纏上！
你不要過來！
煩悶
煩悶
煩悶

惡作劇之後覺得心情煩悶，證明你並不是一個壞孩子，應該立刻停止惡作劇。

對於喜歡的女生，有時會忍不住想要惡作劇一下，或是為了吸引別人的注意，也會想要惡作劇，但如果經常這樣做，最後一定會被別人討厭。

想要和一個人當好朋友，最好的方法是坦率問他「要不要一起玩」。

朋友與學校篇

好朋友向我借錢！

這個時候怎麼辦？

因為是好朋友，實在不好意思拒絕……怎麼辦？

就算是交情再好的朋友，也絕對不能借錢給對方！正因為是好朋友，才更應該說清楚。

無論是多麼要好的朋友，都不可以借錢！

自己的東西可以借給好朋友使用，但錢是例外。如果好朋友向你借錢，你要清楚的告訴對方：「我也沒有錢，沒辦法借你。」

有些朋友家裡可能會給零用錢，有些朋友家裡可能沒給。何況有些人一拿到零

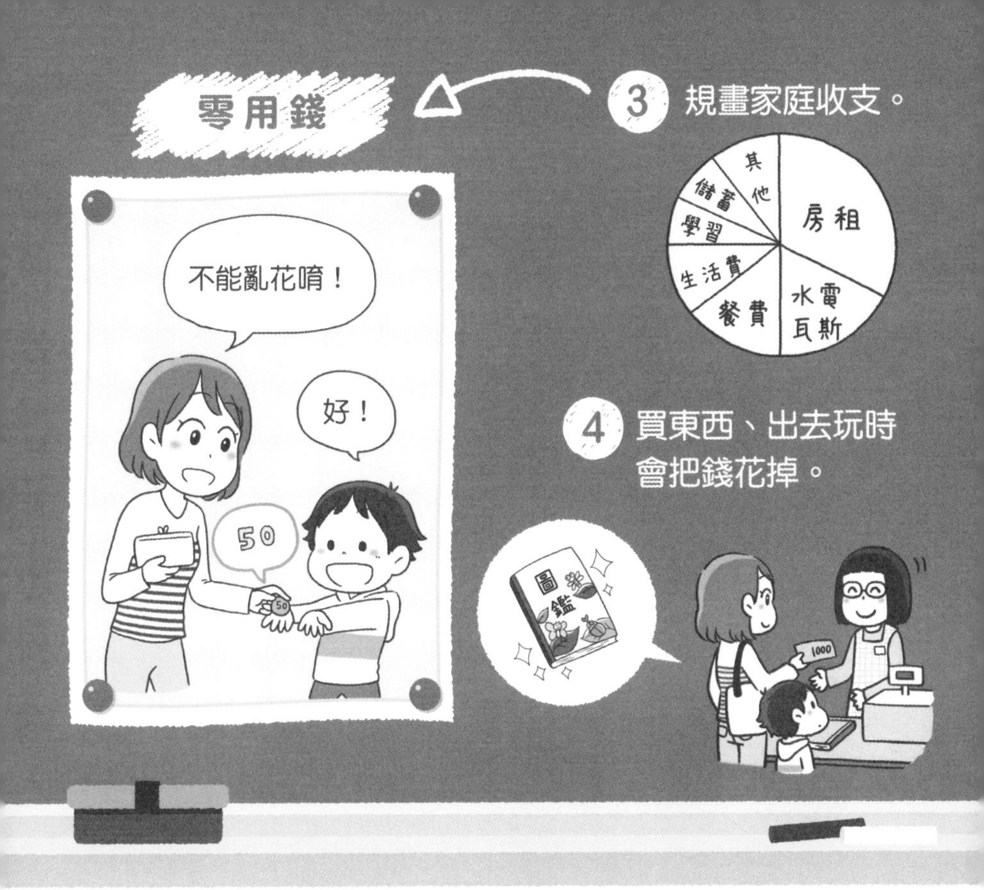

用錢，就會馬上花掉。

每個家庭的觀念都不一樣，對於給小孩子零用錢的態度也不同，所以不管是你或你的朋友，能夠運用的零用錢多寡必須依照大人的規定。

全靠家裡的大人努力工作賺錢，你才能有零用錢，所以在花零用錢的時候，一定要仔細想清楚。

借給朋友的遊戲拿不回來

因為是朋友，有時很難開口要對方歸還，對吧？這時你心裡可能會想著「搞不好他明天就會還」，或是「如果催他還，他可能會生氣」，所以一直不敢開口。但明明是你自己的遊戲，想玩的時候卻不能玩，這不是很奇怪嗎？借了東西就要還，這是基本的禮貌。你應該清楚的告訴朋友「把遊戲還我」。

不好意思開口說「還我遊戲」……
借了遊戲沒還的朋友
但是！
差不多可以還我了吧？
下次再一起玩吧！
抱歉！我忘記了。
遊戲

這個時候就……
借給朋友時的技巧！
星期六要還我唷！
遊戲

借東西給朋友時就要先約好歸還的時間。

朋友與學校篇

朋友的臉上沾著鼻屎！

這個時候怎麼辦？

如果不小心笑出來，他一定會生氣吧？到底該怎麼做才好？

想要和朋友快樂相處，就不能做會讓朋友難過的事。應該先想想看，如果是你的話，會希望別人怎麼做？

博士

在沒有旁人的時候，偷偷告訴他吧！

每個人都有可能發生臉上沾著鼻屎的情況。如果是好朋友臉上沾著鼻屎，很多人的反應都是哈哈大笑，大喊「你臉上有鼻屎」吧！但你想想看，如果這件事發生在你身上，你會有什麼感覺？

想像一下，如果周圍只有死黨好友也就算了，但如果自己喜歡的女生也在旁邊呢？或是因此遭到全班同學嘲笑，甚至是被同學取了奇怪的綽號，心情一定會很難過吧？所以遇上這樣的情況時，最好的做法是請那個朋友把臉轉到其他人看不到的方向，然後偷偷告訴他：「你的臉上有東西。」

哈哈——
呵呵——
？
他們在笑我……？
難過……
不告訴他
？
鼻屎
偷偷告訴他！
你的鼻子旁邊有東西！
小聲
咦？
謝謝你！
這樣就不會被笑了！

上課的時候突然想上廁所

上課的時候，要在全班同學的注視下對老師說「我想上廁所」，實在需要一點勇氣。

心裡覺得很不安，擔心會被同學取笑，但如果忍著不說，最後尿溼了褲子，不是更加丟臉嗎？

上廁所是每個人都有的生理需求，沒有人可以不上廁所。

雖然說最好是趁下課時間上廁所，但如果上課中真的忍不住了，還是要告訴老師。

這個時候就……

你要選擇哪一邊？

Ⓐ 忍著不上廁所

Ⓑ 告訴老師

朋友與學校篇

學校裡有不喜歡的同學！

這個時候怎麼辦？

但老師總是說「大家要當好朋友」……

生活中總是會遇到合不來的人，不過沒有必要和他們吵架，應該思考如何和睦相處。

博士

沒辦法當好朋友也沒關係，但不要說對方的壞話哦！

在學校裡，你不見得總是能和要好的朋友一起行動，有時可能會和不知要聊些什麼的人同一組，或是和不知道怎麼相處的人負責同一件事。

生活中總是會遇上合不來或想法不同的人，這是很正常的事，不須勉強自己和對方當好朋友，不過，也別說對方的壞話。只要把對方當成同伴，說話的時候盡量露出笑容，久而久之，雙方都會不再那麼緊張。就算是和你合不來的人，一定也有優點，只是你沒有發現而已，或許在共同歷經一些事情之後，你會變得很喜歡這個人呢！

C同學經常板著一張臉，
但他總是會記得幫
班上種的花澆水。
3-1
D同學很愛哭，
但她很喜歡音樂，
唱歌很好聽。
每個人
都有許多優點，
只是表面上
可能看不見！
E同學總是在胡鬧，
但是他很開朗，
和他在一起常常笑不停。
F同學很愛管閒事，
但或許是因為她
習慣照顧弟弟妹妹。

練習自我介紹

一邊聯想
一邊自我介紹！

準備一張紙和一支筆，在中間畫上自己，然後在周圍畫出分支的線條，寫上名字、夢想、喜歡、擅長、討厭等類別。接著就像聯想遊戲一樣，把自己想到的事全部寫下來，或許你會發現自己的另一面呢！

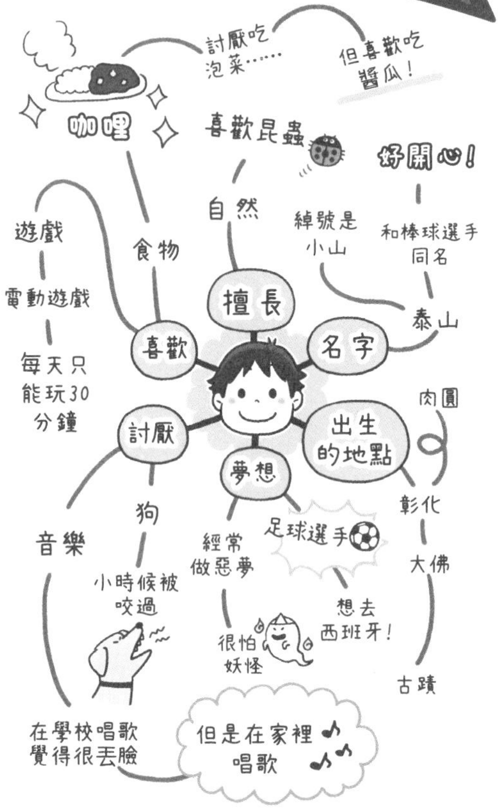

有時一個人讓你覺得「難相處」，只是因為你不了解對方而已，所以你可以試著和對方輪流自我介紹，或許能夠找出意想不到的共通點，拉近彼此的距離呢！

尤其是可以試著聊一聊自己喜歡的東西或擅長的事。如果聊到了你感興趣的話題，你可以盡量多問一些問題。這麼一來，或許你就比較不會覺得這個人難相處了。

有些話想對朋友說，卻說不出口！

這個時候怎麼辦？

我不敢表達自己的意見，每次都只能附和朋友說的話……

是不是因為擔心說出不同想法會被討厭？讓我們先試著練習如何巧妙傳達自己的想法吧！

博士

練習當個「開朗隨和」的人吧！

特徵

- 想說的話總是忍著不敢說
- 常隱瞞自己的心情
- 心裡的想法只敢對寵物說
- 經常感到寂寞

畏畏縮縮

如果你總是在忍耐或附和別人，表示你的內心是「畏畏縮縮」狀態。不敢誠實表達自己的心情，一定會覺得生活很不快樂吧？

不過，想說什麼就不顧一切說出口的「咄咄逼

特徵

- 會顧慮別人的心情
- 說話前會想一下怎麼說比較好
- 不太會壓抑自己
- 個性開朗

開朗隨和

咄咄逼人

特徵

- 認為想說什麼就應該說什麼
- 從來不考量別人的心情
- 經常和人吵架
- 讓周圍的人感覺難相處

人」狀態似乎也不太好。因為說錯了一句話，可能會令朋友感到難過。

最好的是「開朗隨和」狀態，說話時盡量不讓朋友難過，同時能巧妙表達自己的想法，這樣大家都會相處愉快。

讓我們以「開朗隨和」的狀態為目標而努力吧！

×問答題○

哪一種回答比較合適？

Q 朋友邀你一起踢足球，但你今天想在家裡打電動，該用什麼方式拒絕朋友比較好？

A 「我才不想踢什麼足球！」直截了當的拒絕。

B 「嗯，我剛好也想踢足球。」忍著不打電動。

C 「我今天比較想打電動。」提議「明天再踢足球」。

一起踢足球吧！
但是我今天不想踢足球……

答案是 **C**

一邊確實傳達「今天我想打電動」的想法，一邊又顧慮朋友的心情，提議「明天再踢足球」。以這種方式拒絕，不論是朋友或自己都不會難過。

我就是不想讀書！

這個時候
怎麼辦？

讀書好無聊啊！
為什麼小孩子一
定要讀書？

讀書的意思，並非只
是死背課文。想要為
你的未來人生累積實
力，就應該好
好讀書！

博士

藉由讀書思考各種問題，才能獲得活得更好的能力。

雖然你現在還是個小孩子，但未來總是會長大。

在你的人生中，未來還會發生很多事情，你一定會遇到只能靠你自己解決的問題，沒辦法找父母或老師幫忙。

或許對現在的你來說，

等你長大之後，這些能力會在許多地方派上用場。

「讀書」就只是學習算術或寫字，但真正重要的不是死背課本的內容，而是藉由讀書獲得思考、解決各種問題的能力。

「為什麼變成這樣？」「怎麼做才能找出答案？」你必須利用你所學到的知識，努力思考這些問題，因為這將成為讓你的人生活得更好的能力。

作文 在這種地方派上用場！

編劇
劇本

科學 在這種地方派上用場！

我發明了機器人！
諾貝爾獎!!

音樂 在這種地方派上用場！

數學 在這種地方派上用場！

家庭收支簿

什麼是讀書？

2×2=4
7×8=56
記住知識。
今天是滿月！
月
圖鑑
利用學到的知識找出答案。
活得更好的能力
和他人討論解決對策。
同樂會
大風吹
在團體中加以實踐。

讀書就像是在為「活得更好的能力」澆水！
讀書

如果把人生比喻為植物，現在的你就像是剛發芽的種子。想要知道怎麼做才能開出美麗的花朵，就必須好好讀書。

朋友與學校篇

這位老師的課 好無趣！

這個時候
怎麼辦？

我實在不喜歡這位老師，這樣是不是很不好？

你會這麼覺得，一定有一些理由，讓我們一起思考該怎麼辦才好吧！

博士

找家人商量，一起找出解決辦法！

明明不喜歡這位老師，但每天都會在學校遇到，這一定讓你感到很痛苦吧？或許有些家庭會從小教導孩子「不能討厭別人」，但每個人都會有天生合不來的人，就算對方是老師也不例外，所以不喜歡老師並不是一件奇怪的事情，你不必為此感到不安或煩悶。

雖然你可能不敢說出口，但還是應該鼓起勇氣找家人商量，並且把不喜歡的理由告訴家人。如果是因為發生了某件事而不喜歡這位老師，就把事情的經過告訴家人吧！或許家人能夠幫你想出你沒想到的解決辦法。

但如果不喜歡的理由只是因為「老師是男的」或「老師很胖」，則應該拋開這種想法。只因為外表而討厭對方，是很不好的哦！

不要認為是自己的錯！
那個老師經常大聲罵我！
逃離～
找大人商量，一起思考怎麼解決！

我不想上學

這個時候就……

如果你不想上學，一定要找出原因。建議你先找家人或學校輔導老師談一談，找出這些原因。和同學合不來？不喜歡被老師責罵？還是覺得上課的內容太難了？隨著原因的不同，解決方法也不一樣。只要你願意找大人商量，大人一定會給予你幫助。不過除非真的做不到，否則你還是應該盡可能到學校，因為請假的日子太長，你會越來越不敢上學，所以你應該盡量克服心理障礙，維持正常到學校上課的作息。

第一天
媽媽，我肚子痛，想請假！
我不想上學……
你還好嗎？
第二天
還是肚子痛！今天也請假！
又要請假？
第三天
怎麼辦……
今天又請假了……
是不是該找老師談一談……
一星期後……
其實想去上課，但不敢去……
過幾天就要遠足了……

第 3 章

自然
與
生物
篇

漫畫 為什麼會有各種不同的生物？

自然與生物篇

這個時候怎麼辦？

我不敢摸昆蟲！

因為我不敢摸昆蟲，老是被朋友取笑……

在你更小的時候，你一定曾經摸過。你知道嗎？其實昆蟲是很有趣的生物呢！

博士

只要了解昆蟲的習性，或許你就敢摸了！

你不敢觸摸昆蟲，可能是因為覺得很噁心，也可能是因為害怕被咬。

但你仔細想想，昆蟲的身體比你小得多，而且也不會故意攻擊你。

其實昆蟲是非常奇妙又有趣的生物，例如在地上排隊前進的

螞蟻，在發現食物的時候，會從身體釋放出氣味，在地上留下記號。

這麼一來，其他螞蟻就會知道要來這裡搬運食物。螞蟻的身體很小，只有一隻很容易死掉，所以總是成群結隊行動。

像這樣知道了昆蟲的奇妙習性，是不是開始產生一點興趣了呢？只要多花一點時間觀察昆蟲，或許你就敢摸牠們了！

昆蟲的抓法

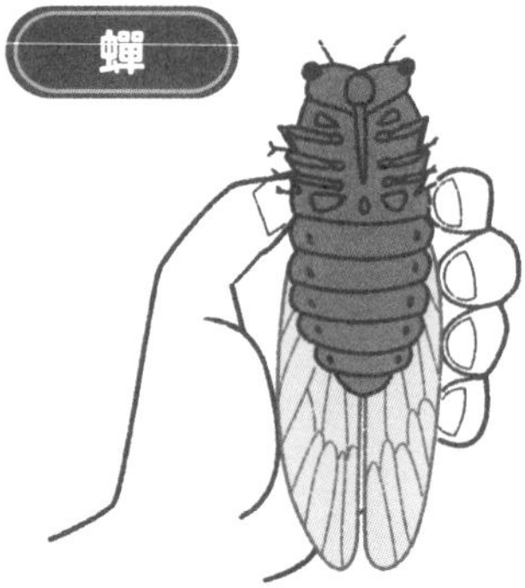

以拇指和食指握住翅膀的根部附近（連同身體一起握住）。就算蟬拍動翅膀也不會痛。

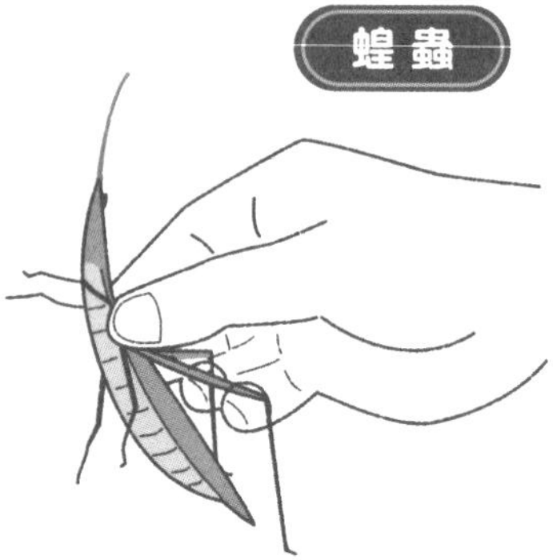

以拇指和食指捏住翅膀的根部附近。腳上有尖刺，摸到會有點痛。腹部太軟了，不適合大力捏。

以食指和中指把翅膀夾住。動作要輕柔，不然會抹去鱗粉（翅膀上的粉末）或扯破翅膀。

蜻蜓拍動翅膀的力量很強，可能會逃走，所以要用食指和中指把四片翅膀同時夾住。

自然與生物篇

這個時候怎麼辦？

路上的狗會咬人，好可怕！

我很怕狗，因為小時候被咬過……

其實這是很正確的觀念。狗雖然是可愛的動物，但如果不是自己養的狗，還是小心一點比較好。
博士

如果不是自己養的狗，不要隨便亂摸！

你會覺得狗很可怕，多半是因為你很少有機會接觸狗，不過「害怕狗」其實是個很正確的觀念。

狗是一種對飼主相當忠實的動物，遇上了飼主以外的人，通常不會乖乖聽話，所以隨便觸摸陌生的狗，可能會被咬，因為狗會誤以為遭到了攻擊。

如果你想摸狗，建議你可以到寵物店或寵物餐廳，摸摸店裡的小狗，慢慢習慣之後，或許你就不會害怕狗了。還有，如果你想摸別人養的狗，一定要先經過飼主的同意。

撫摸狗的正確做法

1 手掌握成拳頭，把手背朝著狗的鼻子慢慢靠近。注意動作不能太急躁粗魯。

2 如果狗開始聞你的手背味道，可以試著溫柔撫摸狗的下巴和脖子（等到更熟悉之後，才能摸頭頂）。

◎這幾點也要注意

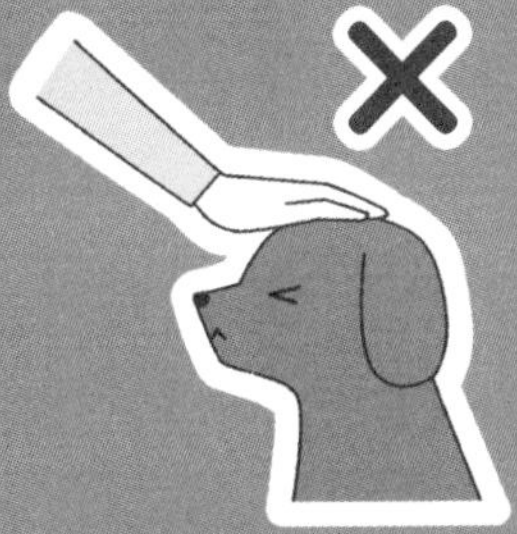

- 讓眼睛的高度和狗相同。
- 叫狗的名字，能讓狗感到安心。
- 千萬不能直接摸狗的頭頂！

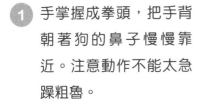

靠動作明白狗在想什麼

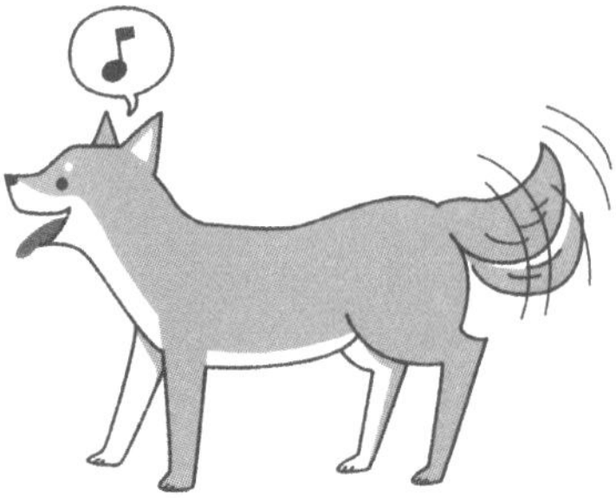

搖晃尾巴

心情很好，
希望你陪牠玩。

把尾巴
藏在後腿之間

感到不安或害怕，
產生了警戒之心。

把前腳
放在人的身上

想吸引人類注意，
或是想討食物吃。

高高豎起耳朵

感覺有什麼不對勁，
正在觀察周圍狀況。

自然與生物篇

這個時候怎麼辦？

雛鳥從鳥窩掉下來！

有隻雛鳥掉在路旁，但我不知道該怎麼做才好。

什麼也不必做，雛鳥的媽媽一定知道牠掉在哪裡。

博士

最好的做法是在一旁靜靜守護，什麼都不要做。

當你看見從鳥巢掉下來的雛鳥，一定會很緊張，想要趕緊把雛鳥送到獸醫院，對吧？但最好的做法是什麼都不要做。

雛鳥太郎
臨時起意
純屬意外
的離巢之旅
媽媽去找食物！
探出

掉在地上的雛鳥還活著，代表媽媽還是持續送食物來給牠吃。

換句話說，媽媽一定就在雛鳥的附近。

雛鳥很難在人類的照顧下順利長大，所以千萬不要把雛鳥帶回家，最好還是讓雛鳥的媽媽來照顧。不過，如果雛鳥掉落的地點常有車子經過，可以把雛鳥移到路旁，避免發生危險。

我發現了小貓

這個時候就……

　　當你在屋外發現剛出生不久、叫個不停的小貓，你會怎麼做？飼養寵物是一種必須負責任的行為，所以你一定要仔細考慮再做決定。除了陪小貓玩之外，你還得給牠食物，清理牠的廁所，每天細心照顧牠。你要先想清楚，自己是不是能夠做到。

　　如果你真的想養小貓，首先你一定要和家人好好商量。就算家裡不能養，你還是能找到幫助小貓的方法，例如幫牠尋找其他飼主。

把小貓帶回家之後，該做些什麼事？

1 給小貓一個溫暖的環境

找一個紙箱，在箱底放置暖暖包，然後在上頭鋪一條毛毯。

2 帶小貓到獸醫院

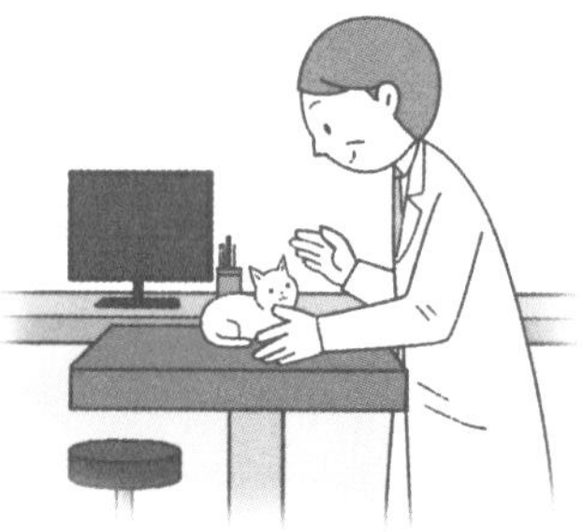

檢查有沒有受傷或生病。

自然與生物篇

這個時候怎麼辦？

公園裡有虎頭蜂！

我看見公園裡有虎頭蜂，好大一隻，好可怕！

虎頭蜂是非常危險的昆蟲，一不小心就會被螫。一定要牢牢記住正確的處理方式！

博士

趕快離開現場，不要攻擊虎頭蜂！

如果為了把虎頭蜂趕走，
而以雨傘之類的工具
攻擊虎頭蜂……

虎頭蜂可能會帶同伴
回來找你報仇！

當你在戶外遊玩的時候，如果看見了虎頭蜂，記得一定不要慌張，靜靜離開現場，千萬不能因為害怕而大吵大鬧。

對蜜蜂來說，人類並不是敵人，只要你什麼也不做，蜜蜂不會故意攻擊你。

千萬不要拿石頭扔蜜蜂，

看見任何蜜蜂，都必須保持冷靜，並且趕快離開現場。

蜜蜂會繼續開心的巡邏，不會故意攻擊你。

或是拿雨傘攻擊蜜蜂，假如蜜蜂生氣起來，可能會認為自己遭到攻擊，而使出全力反擊。

還有，如果你看見的是虎頭蜂，為了安全起見，你應該告訴家人或學校老師。

如果附近有虎頭蜂的蜂巢，大人會聯絡動物保育單位來處理。

還有什麼要注意的小生物？

茶毒蛾的幼蟲

幼蟲每年會在兩個時期大量出現，分別為春季（二～五月）和夏末（八～九月）。身上的毛帶有毒性，稍微碰到就會導致皮膚潰爛。經常出現在茶樹和山茶花等植物上。

壁蝨

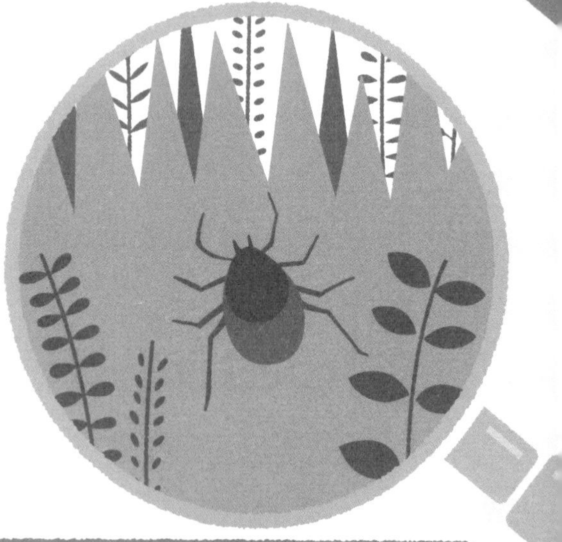

看起來就像是小一點的瓢蟲，會吸人類和其他動物的血。被咬傷的地方會紅腫，有時甚至還會導致發燒。除了出現在深山裡，有時也能在公園和草叢中發現。如果要到郊外踏青，一定要塗上防蟲軟膏。

※ 如果被虎頭蜂或以上這些小生物咬傷，一定要趕緊告訴家人，請家人帶你去醫院。

自然與生物篇

這個時候怎麼辦？

如果沒有蚊子就好了……

被蚊子咬到的地方好癢哦！真希望蚊子從世界上消失！

蚊子確實是很令人討厭的生物，但就跟人類一樣，蚊子既然生活在這地球上，一定也有存在的價值。

博士

對地球上的生物而言，蚊子的存在很重要。

蚊子在食物鏈中扮演非常重要的角色。雌蚊子產在水中的卵，會成為其他小生物的食物；卵孵化為孑孓之後，會把水裡的植物碎屑和細菌吃掉，讓水質變得乾淨，而且孑

沒被吃掉的雌蚊和雄蚊交配。

雌蚊子會為了產卵而吸其他動物的血。

在有水的地方產卵。

小魚會把卵吃掉。

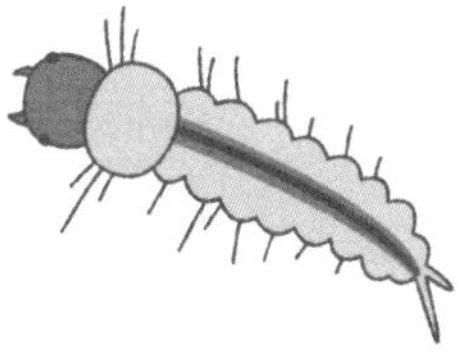

沒被吃掉的卵會孵化出孑孓（蚊子的幼蟲）。

孓本身也會成為小魚的食物；成蟲之後的蚊子，則會成為蜘蛛、青蛙、蜥蜴和鳥類的食物。所以說，在地球生態中「吃和被吃」的關係裡，蚊子具有相當重要的意義。

　如果所有蚊子都從地球上消失，食物鏈就會遭到破壞，可能發生更糟糕的後果，所以就算是人人討厭的蚊子，還是必須仔細思考牠們的存在價值。

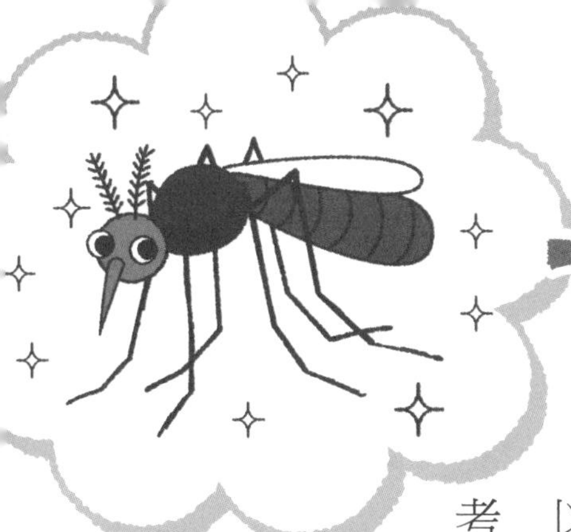

鳥和青蛙會吃蚊子。

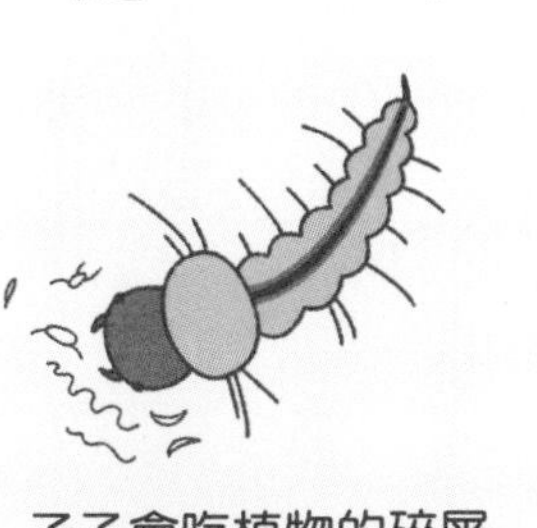

孑孓會吃植物的碎屑和浮游生物。

浮游生物減少了，水會變乾淨。

小魚會吃孑孓。

沒被吃掉的孑孓會變成蚊子（成蟲）。

蚊子是什麼樣的生物？

打從一億多年前，蚊子就已出現在地球上，存在的歷史比人類還要久。蚊子的種類約有三千五百種，其中只有數百種會吸人類的血。而且只有部分雌蚊會吸血，其餘的蚊子大多只會吸草汁或花蜜。或許是在各種蚊子的生存競爭之下，才演化出了會吸動物血的蚊子。

除了南極和聖母峰之類的高山，蚊子生存在地球上每個角落，不管是海岸、森林、草原，還是山區，都可看見蚊子的身影。

〈常見的蚊子〉

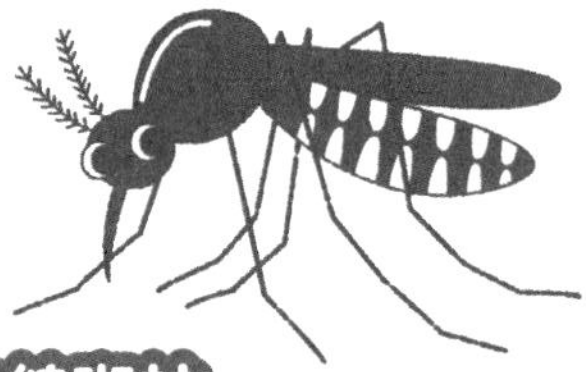

白線斑蚊

登革熱病媒蚊之一，特徵是身體有黑白相間的線條。

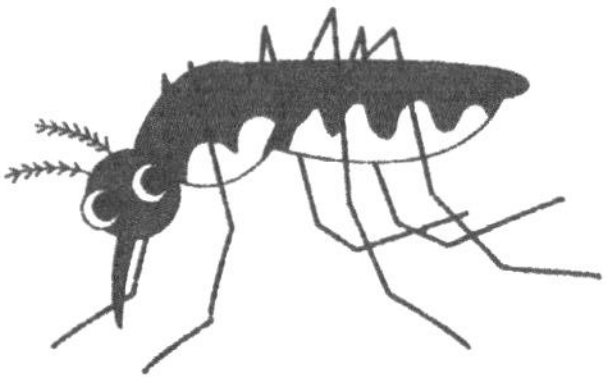

白腹叢蚊

特徵是全身顏色偏黑，但有白色斑點。

埃及斑蚊

登革熱病媒蚊之一，和白線斑蚊很像，但胸部和背面的白線條紋較多。

地下家蚊

在都市裡一年四季都可看見。是臺灣的外來種。

自然與生物篇

這個時候怎麼辦？

特別篇

我發現了新物種！

就連研究過無數生物的博士，也有從來沒看過的生物嗎？

那當然！地球上的生物約有一百七十萬種，現在仍然有新種生物不斷被發現，或許你也能成為發現者之一呢！

博士

捕捉的時候一定要使用網子，千萬不能用手抓！

捕捉不明生物的訣竅

必須準備的工具

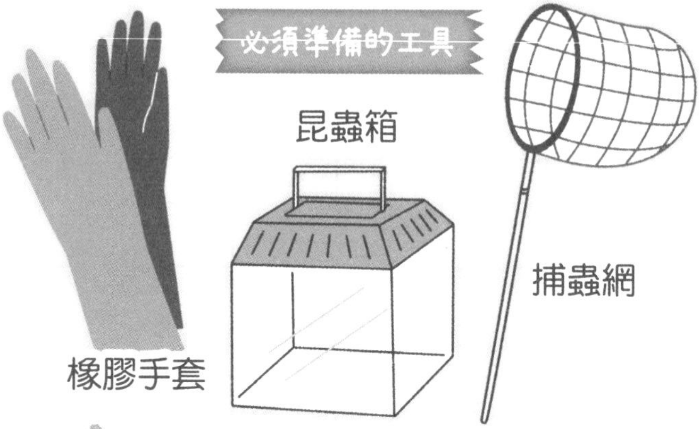

1 準備橡膠手套、昆蟲箱和捕蟲網。

地球上有很多生物已經滅絕（例如恐龍），但也有很多生物直到最近才被人類發現，所以在未來的日子裡，一定還會出現更多從來沒有人看過的生物。

當你發現了從來沒有人看過的生物，你一定會很想把牠捉起來，但是在捕捉的時候，有幾點

※ 最好在大人的陪同下進行捕捉。

2 小心謹慎的捕捉，不要傷到生物的身體。

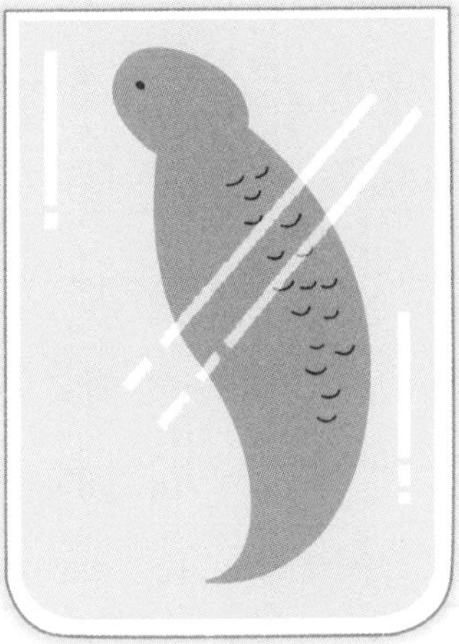

3 交給專家進行辨識。有可能會製作成標本！

必須注意。

第一，那種生物可能有毒，所以絕對不要空手去抓。

第二，最好使用捕蟲網之類的工具，而且動作必須謹慎，才不會讓生物受傷。

如果成功抓到了，可以帶到博物館或學校，請擁有生物知識的專家協助辨識，或許會是個令人大吃一驚的發現呢！

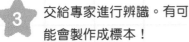

如果發現了，或許能以自己的名字命名

有一種名為「雙葉鈴木龍」的恐龍，是蛇頸龍的親戚，生活在距今大約八千五百萬年前。這種恐龍的化石，是在一九六八年首次被發現，由於發現化石的地層被稱為雙葉層群，發現者為當時還是高中生的日本少年鈴木直，所以這種恐龍被命名為「雙葉鈴木龍」。

由你所發現的新生物，或許也能以你的名字命名呢！

第4章

危機處理

篇

漫畫　地震了！怎麼辦？

好好吃♪
哇！地震！
搖晃
搖晃
搖晃
!!
啊……怎麼辦？
放心！你們冷靜點！
總之，先保護頭部！
哇啊！
安靜～
停了……
在日常生活中，隨時可能發生像地震這樣的意外災害。
所以一定要事先學會遇到災害時的應變方法才行！
博士，對你來說蛋糕最重要嗎？
驚！

危機處理篇

一個人獨處時發生地震！

這個時候怎麼辦？

一個人遇到地震時，真不曉得該怎麼辦……好可怕！

大人不在身旁，應該會感到很不安吧？這時一定要保持冷靜，盡量遠離有可能倒塌的東西，保護自己的身體！

博士

搖晃的時候先保護頭部和身體，等稍微緩和後立刻逃往安全場所！

如果遇上了大地震，首先應該遠離有倒塌危險的東西，盡量蹲低身子，以書包或手肘保護頭部。不管是和大人在一起，或是自己一個人獨處，這個原則都不會改變。

等到地震稍微緩和後，就要趕緊逃到附近的安全避難場所。

事先想好在上下課的路上或在

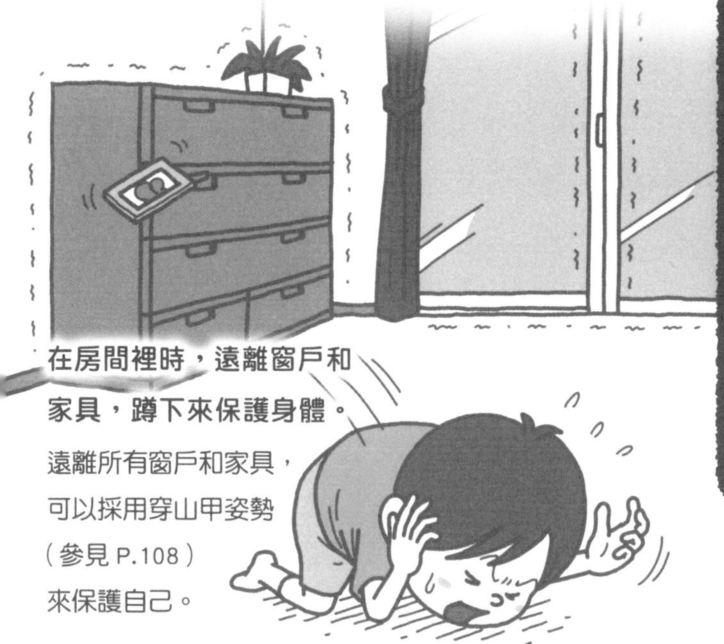

在房間裡時，遠離窗戶和家具，蹲下來保護身體。

遠離所有窗戶和家具，可以採用穿山甲姿勢（參見 P.108）來保護自己。

家裡「發生地震時該怎麼做」，真的遇到時才不會手忙腳亂。

另外也可以事先和爸爸、媽媽約好發生大地震後如何互相聯絡，或是約在什麼地方見面。

如果在海邊或河口附近，等地震緩和就趕快逃向高處。

海邊可能會發生海嘯，所以等地震比較沒那麼搖晃，就要趕緊逃向較高的地點。

若在屋外，就要遠離有傾倒危險的東西，並且保護頭部。

當走在戶外時遇到地震，趕緊遠離有東西倒塌、掉落的危險，而且要保護頭部，以免被掉落的東西砸傷。

地震時的自保小撇步

從前方逃走

劇烈搖晃時不太能自由走動。如果從東西的前方逃走，可能還是會被壓到。

從側邊逃走

當看到東西快要倒塌時，趕快從側邊逃走。只要逃開一步就不會被壓到。

避免被東西砸到

要保護頭部！

如果手邊什麼也沒有

就採用穿山甲姿勢

彎曲膝蓋，像穿山甲一樣把身體捲成一團，以雙手護住頭部。

如果有書包的話

就放在頭頂上

可能會有瓦片、磁磚或碎玻璃從上面掉下來。最好以書包或手邊的東西擋住頭部。

火災 就發生在眼前！

這個時候怎麼辦？

我發現了火災，而且火越來越大，但是身邊沒有大人！

發現火災時，一定要趕緊告訴附近的大人。你自己也要盡快逃走，千萬別再回到屋子裡。

博士

大喊「失火了」讓附近的大人知道，同時自己也要趕快逃走！

火災是一種溫度非常高、非常危險的現象，如果突然看見巨大的火焰，可能會嚇得腳軟走不動。但

這麼做 1

如果火焰的高度比你的眼睛還高，一定要趕快逃走，不要嘗試滅火。

這麼做 2

一邊跑，一邊讓附近的大人知道。

這麼做 3

絕對不要回到屋子裡。

其實發生火災的時候，最可怕的不是火焰，而是濃煙，因為濃煙之中含有有毒氣體，就算只是吸了一口，身體也有可能會動彈不得。

所以當發現火災的時候，除了要大喊「失火了」讓附近的大人知道之外，自己也要以最快的速度逃走。還有，平常絕對不能玩火！

一定要記住唷！

滅火器的使用法

這麼做 4

注意不要吸入濃煙。

我的衣服著火了

當衣服著火時，千萬不能因害怕而拔腿就跑。因為你一跑，衣服上的火可能會燒得更旺盛。

如果是在玩煙火或煮菜時衣服著了火，只要趕緊把火壓熄就行了。如果浴室裡的浴缸有水，也可以直接跳進去。假如全身都著了火，就要以手掌保護臉部，並在地上打滾，把火焰撲滅。

這個時候就……

在地上把火焰壓熄

把著火的部分壓在地上，就可以將火焰壓熄。

跳進有水的浴缸裡

如果是在家裡，浴缸裡有水，可以直接跳進去。

以手掌保護臉部，在地上打滾

如果全身衣服都起了火，就要以手掌保護臉部，避免臉部灼傷，並且在地上打滾，把火焰撲滅。

危機處理篇

在海裡或河裡快要溺水了！

這個時候怎麼辦？

我學過游泳，只要小心的游，應該不會有事吧？

大自然中的大海和河川會有看不見的漩渦或暗流，不像游泳池那麼安全，就算很會游泳，也不能掉以輕心。

博士

重點是讓自己「浮起來」，千萬不要慌張的掙扎！

如果你以為自己很會游泳，絕對不會溺水，那你就錯了。就算是再會游泳的人，也可能因為水流太急、在淺水處不慎摔跤，或是不小心喝了水而發生溺水現象。

當你發現快要溺水的時候，千萬不要急著游泳，應該專心讓自己的身體「浮起來」，例如你可以用衣服包住空氣，如此身體就會更容易浮起。對了，鞋子也具有浮力，所以溺水時也不要急著脫掉鞋子。

就算你對游泳再有自信，在河邊或海邊游泳還是要穿救生衣或潛水服，否則一時的疏忽大意，可能會害自己丟了性命。

浮著等待救援！
為什麼
不能脫掉衣服？
只要以衣服包住空氣，就可以增加身體的浮力。而且衣服能夠幫助維持體溫，雖然穿著衣服可能會影響游泳動作，但好處還是比較多。
空氣
誰快來救救我……
拉起上衣，讓空氣進入衣服裡，然後把空氣包住，就能當作臨時的救生圈！平常多練習幾次，動作才能變得熟練。

發現有人溺水！

當發現有人溺水，你應該趕緊告訴附近的大人，並且把有浮力的東西扔進水裡，讓那個人抓住。溺水的人通常不會拚命掙扎，而是會靜靜往下沉，因此當你發現一起遊玩的朋友突然變得很安靜，就要趕快問他：「你還好嗎？」

如果是在海裡，你應該立刻朝著岸上用力揮動一隻手，這是「求救」的動作。

這個時候就……

把有浮力的東西扔進水裡

例如寶特瓶和游泳圈都可以。但要注意扔的位置，如果在河裡就扔向上游，如果在海裡就扔向溺水者的前方。

如果是在海裡，就朝著岸上做出「求救」動作

如果發現身邊有人溺水，或是快要被水流沖到外海，趕快朝著岸上用力揮動一隻手。救生員看見了，就會立即前來救助。

危機處理篇

陌生人突然和我搭訕！

這個時候怎麼辦？

突然有陌生人跟我說話，如果我不理他，是不是很沒禮貌？

心地善良的你，可能會想幫陌生人的忙。但如果陌生人要把你帶走，你一定要趕快逃！

博士

不管是不是認識的人，都不能隨便跟對方走！

午安！
午安！

遵守家人或學校的教導，向住在附近的居民打招呼或說話，當然沒什麼問題。如果有人向你打招呼，你也應該要大聲回應，才是有禮貌的孩子。

但是如果有人想要拉你，或是叫你跟他去另一個地方，一定要趕快離開，即使是曾經見過

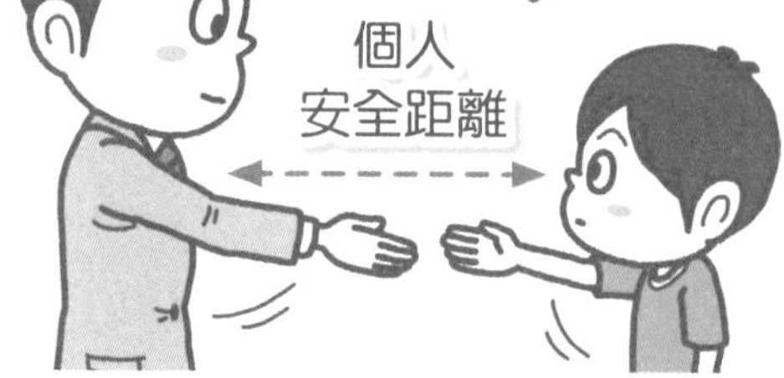
與對方保持
這樣的距離！
個人
安全距離

只要保持兩人同時伸出手也不會碰到的距離，就算對方想拉你，你也能來得及逃走。這個距離就叫做「個人安全距離」。

面的人，也不能隨便坐上對方的車子。大人就算迷了路，正常情況下絕對不會找小孩子問路，何況現在的手機都有導航功能，所以若遇到要問路的大人，一定要提高警覺。

只要你覺得這個大人有些可疑或可怕，你應該立即逃走，什麼話也不必說。在遇上了可怕或危險的事情之後，一定要立刻告訴爸媽或老師。

當個「不容易被壞人看上」的孩子

不時回頭查看
手上拿著防身警報器
啊！媽媽，我要回家了！
假裝在打電話
快步往前走

不管是白天或晚上，只要是一個人走在路上，就有可能成為壞人的目標，所以一定要經常做出一些具警覺心的動作，才不會被壞人看上。

首先，走路的速度要加快，壞人才沒有機會向你說話，而且要不時回頭查看，確認身後有沒有人、腳踏車或汽車，把防身警報器拿在手上，遇上危險時就可以立刻拉響警報。

如果身上有手機，在回到家之前，可以一邊走一邊和家人講話；如果周圍很陰暗，就算手上沒有手機，也可以假裝有手機。但講話的同時也要隨時注意周圍動靜，別聊得太開心了。

危機處理篇

我遇見外星人了！

這個時候怎麼辦？

特別篇

不知道外星人願不願意和我拍照？

千萬別想要拍照留念！遇到外星人或不明生物，為了安全起見，千萬不要靠近，一定要立刻逃走！

博士

別靠近！別觸摸！趕快逃走！

千萬別想和外星人當好朋友，那是漫畫、動畫裡才會有的情節。所謂的外星人，指的是地球外的生物，身上可能帶有傳染病，而且一旦感染，地球上可能找不到藥物可以醫治。更何況外星人來到地球的目的是什麼，我們根本不知道。

千萬不能靠近，更不能觸摸！總之要馬上逃走，找大人幫忙聯絡警察。

就算不是外星人，站在危機管理的觀點來

發現幽浮
怎麼辦？
來自外星的幽浮可能已經
遭放射能汙染，
如果不盡快遠離，
會讓身體
暴露在放射能
的危害之中。
所以一看見幽浮，
就要立刻逃走。

這是……外星人嗎？
不能摸！
快逃呀！
千萬不能靠近或觸摸外星人或神祕生物。如果發現者都是小孩子，就要趕快告訴大人。

哇啊啊啊！

看，只要是從沒見過的神祕生物，就不能隨便觸摸，因為那種生物可能帶有毒性，或是具有其他危險。

發現外星人怎麼辦？ 如何利用外太空？

全世界的大人正在認真討論

許多國家曾經派出代表和研究人員，一起討論外太空該怎麼運用，以及發現外星人該怎麼處理。

因此聯合國在一九五九年時成立了「聯合國和平利用外太空委員會」，一九六七年時，委員會制訂了《外太空條約》註①，目前為止共有九十二個會員國註②。

天體活動所應遵守原則的條約》 註② 二〇一八年的資訊。

《外太空條約》有哪些內容？

外太空
是全人類的
活動空間

包含月球和其他星球在內的所有外太空範圍，所有人類都可以自由進出和利用。

太空人是
人類在外太空
的代表

太空人代表全人類。如果發生意外事故，每個國家都必須配合救助。

任何國家發現
外星人都必須通知
聯合國

任何國家在外太空發現外星人或任何生命現象，都必須通知聯合國。

註① 《外太空條約》的正式名稱為《關於各國探索和利用外太空包括月球與其他

給家長的話

在日常生活中，當孩子小小的心靈裡產生了任何純真的疑惑，他們總是會毫無顧忌的朝大人拋出這些問題。

身為大人的我們，在聽了孩子的問題後，常常會瞠目結舌，不知如何回答。

本書中所介紹的各種「這個時候怎麼辦？」的情境，想必有許多家長都曾經聽孩子問過類似問題。

這些問題往往沒有正確答案，每個大人的回答也不盡相同。

最重要的原則是，不管孩子的問題多麼天真，大人回答時還是應該抱持認真的態度，設法為孩子提供「正面思考的方向和提示」。

唯有這麼做，才能培養出孩子的「獨立思考能力」，並且在他們的成長過程中，逐漸轉變為他們的「生存能力」。

如果藉由本書，能夠讓孩子體會到「解決疑問的樂趣」和「獨立思考的重要性」，將是我們最欣慰的事。

第 1、2 章 監修 諸富祥彥

出生於日本福岡縣。明治大學文學部教授、教育心理輔導師、教育學博士。曾任筑波大學研究所和千葉大學教育學部副教授。主要著作有《養育男孩子的方法》、《養育女孩子的方法》、《養育孩子的教科書》等。

http://morotomi.net/

第 3 章 監修 今泉忠明

出生於日本東京都。曾以日本國立科學博物館特別研究生的身分，學習哺乳類的分類學和生態學。參與過國際生物學事業計畫（IBP）調查、日本列島綜合調查、西表山貓生態調查等計畫。如今正針對東京奧多摩地區的山林動物和富士山麓的動物生態進行調查。貓科博物館館長、日本動物科學研究所所長。

第 4 章 監修 國崎信江

出生於日本神奈川縣。危機管理諮詢師、危機管理教育研究所代表。站在女性角度和生活觀點，倡導各種天災、犯罪與意外事故的防範對策。在日本地震調查研究推進本部政策委員會，及其他由日本政府或地方自治單位所成立的防災相關委員會內擔任委員。現在除了積極從事演講活動之外，也經常在電視和報章雜誌上提供各種相關資訊。

編輯、執筆：引田光江（STUDIO DUNK）、大勝喜美子、木村亞紀子
設計：鐮田優樹、佐藤明日香（STUDIO DUNK）
插畫、漫畫：CharaCharaMakiart（第 1 章）、池本尚美（第 2 章）、TSUYUKO（第 3 章）、大野直人（第 4 章）

廣泛閱讀
這個時候怎麼辦？小學生應該懂的生活常識
監修／諸富祥彥、今泉忠明、國崎信江　翻譯／李彥樺

總編輯：鄭如瑤｜主編：詹嬿馨｜美術編輯：翁秋燕｜行銷主任：塗幸儀
社長：郭重興｜發行人兼出版總監：曾大福｜業務平臺總經理：李雪麗｜業務平臺副總經理：李復民
實體通路協理：林詩富｜網路暨海外通路協理：張鑫峰｜特販通路協理：陳綺瑩｜印務經理：黃禮賢
出版與發行：小熊出版・遠足文化事業股份有限公司
地址：231 新北市新店區民權路 108-2 號 9 樓｜電話：02-22181417 ｜傳真：02-86671851
Facebook：小熊出版｜ E-mail：littlebear@bookrep.com.tw
劃撥帳號：19504465 ｜戶名：遠足文化事業股份有限公司｜客服專線：0800-221029
讀書共和國出版集團網路書店：http://www.bookrep.com.tw
讀書共和國出版集團客服信箱：service@bookrep.com.tw
團購請洽業務部：02-22181417 分機 1132、1520
法律顧問：華洋法律事務所／蘇文生律師｜印製：凱林彩印股份有限公司
初版一刷：2019 年 11 月｜定價：350 元｜ ISBN：978-957-8640-43-6

小熊出版讀者回函　小熊出版官方網頁

書館出版品預行編目 (CIP) 資料
時候怎麼辦？小學生應該懂
活常識 / 諸富祥彥，今泉忠
國崎信江監修；李彥樺翻譯.
版. -- 新北市：小熊出版：遠
化發行，2019.11
面；21x15公分. --（廣泛閱讀）
：こんなとき、どうする 子
のぎもん事
N 978-957-8640-43-6（精裝）
活指導 2. 兒童教育
2　108014525